AF331689

CATALOGUE

D'ESTAMPES ANCIENNES

DE L'ÉCOLE FRANÇAISE DU XVIIIᵉ SIÈCLE

EN NOIR ET EN COULEUR

DESSINS

SUJETS DE CHASSES ET DE COURSES

EN COULEUR

PAR ALKEN, HERRINGS, ANSDELL, HENDERSON, ETC.

LE TOUT ENCADRÉ

DONT LA VENTE AUX ENCHÈRES PUBLIQUES AURA LIEU

PAR SUITE DU DÉCÈS DE M. E. FOULD

HOTEL DES COMMISSAIRES-PRISEURS, RUE DROUOT, Nᵒ 9

SALLE Nᵒ 9

Les Mercredi 8 et Jeudi 9 Mars 1882

A UNE HEURE ET DEMIE PRÉCISE

Par le ministère de Mᵉ **PAUL CHEVALIER**, succʳ de Mᵉ **CH. PILLET**,
10, rue de la Grange-Batelière.

Assisté de **M. CLEMENT**, Marchand d'Estampes de la Bibliothèque Nationale,
rue des Saints-Pères, 3.

EXPOSITION PUBLIQUE : **Le Mardi 7 Mars 1882**

DE DEUX HEURES A QUATRE HEURES

CONDITIONS DE LA VENTE

Elle sera faite au comptant.

Les adjudicataires payeront *cinq pour cent* en sus des enchères.

L'ordre des vacations sera indiqué le jour de la vente.

DÉSIGNATION

DESSINS

ANASTASI (A.)

1 — La Moisson.
Aquarelle.

BENARD

2 — Vue de la Pompe à feu, avec voiture attelée de huit chevaux.
Aquarelle.

3 — Char attelé de six chevaux, costumes Louis XIV.
Aquarelle.

BIDA

4 — Un Arabe.
Aquarelle.

BOISSIEU (J.-J.)

5 — Portrait d'homme.
Superbe dessin aux trois crayons.

BOUCHER (F.)

6 — Tête de jeune fille.
Aux trois crayons.

7 — Jeune homme et jeune fille assis dans un paysage.
A la sanguine.

BOUTON

7 *bis*. — Intérieur d'une Abbaye.
Au lavis de sépia et d'aquarelle.

BREEMBERG

8 — Paysage avec ruines.

A la plume et sépia.

CABAT

9 — Paysage au bord d'un lac.

A la sépia.

CANOVA

9 *bis.* — Femme avec son enfant.

A la plume et sépia.

CARRACHE (A.)

10 — Costume militaire.

A la plume.

CHARDIN

11 — Jeune femme à genoux.

A la sanguine.

DORÉ (GUSTAVE)

12 — Les Plaisirs du Boulevard.

A la plume.

DUPLESSIS

13 — La Lutte.

A lavis de sépia et encre de Chine.

ÉCOLE FRANÇAISE DU XVIIIᵉ SIÈCLE

14 — Portrait de femme.

Aux trois crayons.

15 — Tête de jeune fille.

A la sanguine.

16 — Retour de la chasse.

A la plume.

17 — Cour de ferme.

Aquarelle.

18 — Chasse au cerf.

A la plume.

FRAGONARD (H.)

19 — L'Adoration des mages.
Grand et beau dessin à la plume et lavis de sépia.

20 — L'amitié.
A la plume et lavis de sépia, rehaussé de blanc.

GAMELLI, 1750

21 — Sujet de bataille.
Aux crayons noir et blanc.

GELIBERT (J.)

22 — Chiens dans leur chenil. — Hallali du cerf.
Deux dessins faisant pendants, au fusain.

GILLOT (Ch.)

23 — Sacrifices. — Trois dessins dans un même cadre.
A la sanguine.

GRANDVILLE (J.-J.)

24 — Portraits, charges. — Neuf dessins dans un même cadre.
A la plume.

GRANET

25 — Intérieur d'Eglise.
Sépia.

GUARDI

26 — Architecture.
A la plume et sépia.

HUET (J.-B.)

27 — Un amour.
A la sanguine et sépia.

28 — Amours.
A la sanguine.

LAVALLÉE-POUSSIN

29 — Deux jeunes filles dans un paysage. — Jeune homme jouant de la flûte. Deux dessins faisant pendant.
A la sanguine.

30

LAVALLÉE-POUSSIN

30 — La Déclaration. — La Promesse. Deux dessins faisant pendant.
>A la sanguine.

LEMPEREUR, 1771

31 — Etables et Ecuries.
>Aquarelle.

LEPICIÉ

32 — Femme assise.
>Aux trois crayons.

LEPRINCE (J.-B.)

33 — Personnages à cheval.
>A la plume et lavis de sépia.

MOITTE

34 — Portrait de femme, représentée en pied, assise.
>Aux trois crayons.

35 — Petit garçon debout, les bras en l'air.
>Aux trois crayons.

MONGIN, 1795

36 — Paysage avec personnages.
>Gouache.

37 — Personnages se promenant dans un jardin.
>Gouache, faisant pendant au numéro précédent.

MONNIER (H.)

38 — Trois femmes à la promenade, costumes de 1825.
>Au lavis de sépia.

MOUCHERON, 1737

39 — Vue du parc de Chantilly.
>A la plume et lavis d'aquarelle.

NATOIRE

40 — Groupe d'amours.
>A la sanguine.

NETSCHER

41 — Les Pêcheurs.
Au lavis d'encre de Chine.

PALLIZZI

42 — Moutons et Chèvres.
Aquarelle.

PANINI

43 — Lansquenets allant au combat. Composition d'un grand nombre de figures.
A la plume et lavis d'encre de Chine.

PARROCEL

44 — Sujet de bataille.
A la plume et lavis de sépia.

PERELLE

45 — Fête de village. — Une rue dans un village.
Deux dessins à la sanguine et crayon.

PIERRE

46 — Scènes pastorales.
Deux dessins dans un même cadre.

REYNOLDS

47 — Une Marine.
Au lavis de sépia.

ROBERT (HUBERT)

48 — L'Entrée du forum à Rome.
Aquarelle.

49 — Personnages à table, avec monuments d'architecture dans le fond.
Aquarelle.

50 — Monuments en ruines et obélisque.
Aquarelle.

ROMANELLI

51 — Vue du plafond des bains de la reine au Louvre.
A la plume et lavis de sépia et d'aquarelle.

R. P. B.

52 — Chaumière au bord d'un chemin.
Au lavis de sépia.

RUBENS (P. P.)

53 — Marche de Silène.
A la plume et sépia.

SLODT (A.)

54 — Jeune homme jouant de la lyre.
A la sanguine.

55 — Etude d'homme.
A la sanguine.

SPRANGER (B.)

56 — Hercule et Omphale.
A la plume et sépia.

TIEPOLO (J.-B.)

57 — Martyre de deux saints.
Superbe dessin à la plume et lavis de sépia.

58 — Martyre d'une sainte.
Superbe dessin à la plume et lavis de sépia.

59 — Personnages assis au bord d'un temple.
Beau dessin à la plume et lavis de sepia et d'aquarelle.

TITIEN (d'après)

60 — L'amour sacré et l'amour profane.
Aquarelle.

VERNET (Carle)

61 — Avant la course.
A la plume et sépia.

62 — Course de chevaux.
A la plume et sépia.

63 — Chasse à Courre.
Au lavis de sépia.

64 — Sujet de bataille.
Au lavis de sépia, rehaussé de blanc.

VERNET (Carle)

65 — Portrait d'homme en pied, caricature.

Au lavis de sépia et encre de Chine.

VERNET (J.)

65 *bis.* — Le Marché sur le port.

Superbe dessin à la plume et lavis d'encre de Chine, rehaussé de blanc, signé.

ESTAMPES

AUBRY (d'après L.)

66 — L'Abus de la crédulité, par de Launay.

Très belle épreuve.

BAUDOUIN (d'après)

67 — L'agréable négligé, gravé en couleur par Janinet.

Belle épreuve.

68 — Les amours champêtres. — Deux pièces gravées par Choffard.

Belles épreuves.

69 — Les amours champêtres, par Choffard.

Très belle épreuve.

70 — Annette et Lubin, par Ponce.

Très belle épreuve.

71 — Le Jardinier galant, par Helman.

Très belle épreuve.

72 — Marchez tout doux, parlez tout bas, par Choffard.

Belle épreuve.

73 — Le Matin. — Le Midi. — Le Soir. — La Nuit. Suite de quatre pièces gravées par de Ghendt.

Très belles épreuves.

74 — La Réunion des plaisirs, gravé en couleur, par Janinet.

Belle épreuve.

75 — Les Soins tardifs, par N. de Launay.

Très belle épreuve.

BENAZECH

76 — Le Prix de l'agriculture. — Le couronnement de la rosière. — Deux pièces en couleur, faisant pendant.
Très belles épreuves.

BOILLY (d'après L.)

77 — L'amour couronné, par Cazenave, en couleur.
Très belle épreuve.

78 — Le Cadeau, par Bonnefoy.
Belle épreuve, en couleur.

79 — La Comparaison des petits pieds, par Chaponnier.
Belle épreuve.

80 — La douce impression de l'harmonie. — Suite de la douce impression de l'harmonie. — Deux pièces gravées, par Wolff.
Belles épreuves.

81 — La Jarretière. — La Jardinière. — Deux pièces faisant pendant, gravées en couleur, par Tresca.
Belles épreuves,

82 — La Leçon, gravé en couleur, par Cazenave.
Belle épreuve.

BONNET

83 — Les Apprêts pour le bal, gravé en couleur d'après Huet.
Belle épreuve.

84 — Les Baigneuses. — Au Printemps. Deux pièces gravées, en couleur, par Bonnet.
Belles épreuves.

85 — Le Colin-Maillard, d'après Huet, en couleur.
Belle épreuve.

86 — L'Eventail cassé. — L'amant écouté. Deux pièces en couleur, faisant pendant, d'après Huet.
Très belles épreuves.

87 — Le Maître de dessin. — Le Maître de musique. Deux pièces, faisant pendant, gravées en couleur, d'après Huet.
Belles épreuves.

BONNET

88 — Portrait de Madame la comtesse du Barry, gravé à la manière du pastel, d'après Boucher.
Très belle épreuve.

89 — Téte de jeune fille, d'après Piogé, en couleur.
Belle épreuve.

BOREL (d'après)

90 — J'y passerai, par de Launay.
Relle épreuve.

BOSIO (L.)

91 — La Bouillotte, en couleur.
Très belle épreuve.

92 — L'Escamoteur, gravé en couleur, par Ruotte.
Très belle épreuve.

BOUCHER (d'après F.)

92 bis. — Les deux confidentes, par J. Ouvrier.
Belle épreuve.

93 — La Toilette de Vénus, gravé en couleur, par Janinet.
Très belle épreuve.

94 — Le Réveil de Vénus, gravé aux trois crayons, par Bonnet.
Très belle épreuve sur papier bleu.

95 — Vénus et l'amour, gravé aux trois crayons, par Bonnet.
Très belle épreuve sur papier bleu.

96 — Vénus sortant du bain, gravé aux deux crayons, par Bonnet.
Très belle épreuve, imprimée sur papier bleu.

97 — Vénus et l'amour, gravé aux deux crayons, par Bonnet.
Très belle épreuve, imprimée sur papier bleu.

BURKE

98 — Eclypse, cheval de course, gravé en couleur, d'après G. Stubbs.
Très belle épreuve.

CALLOT (J.)

99 — Les misères de la guerre. Suite de dix-huit pièces. —
Très belles épreuves du deuxième état avant que les mots : *Israel excudit* aient été enlevés.

CASTELLAS (d'après Mlle)

100 — Le Petit favori, par Voyez le Jeune.
Belle épreuve.

CHALLE (d'après)

101 — Les amants trahis par leurs ombres, par Wogts.
Belle épreuve.

102 — L'Elysée, gravé par Le Grand.
Belle épreuve.

103 — Le Premier baiser de l'amour, par Le Grand.
Belle épreuve.

CHARDIN (d'après)

104 — Le Souffleur, par Lepicié.
Belle épreuve.

105 — La Serinette, par L. Cars.
Belle épreuve.

106 — Jeune fille tenant une raquette et un volant, par Lepicié.
Belle épreuve.

DEBUCOURT (P.-L.)

107 — La Promenade publique.
Belle épreuve en couleur.

108 — Les Compliments ou la matinée du jour de l'an. — Les Bouquets ou la fête de la Grande-Maman. Deux pièces en couleur faisant pendant.
Très belles épreuves.

109 — Annette et Lubin, en couleur.
Très belle épreuve.

110 — Le menuet de la mariée.
Superbe épreuve en couleur.

DEBUCOURT (P.-L.)

111 — Il est pris. — Elle est prise. — Deux pièces en couleur faisant pendant.
Belles épreuves.

112 — La Croisée, en couleur.
Très belle épreuve.

113 — La Rose mal défendue.
Très belle épreuve.

114 — Costumes du Directoire. Dix pièces en couleur.
Belles épreuves.

115 — Route de poste, d'après C. Vernet, en couleur.
Très belle épreuve.

116 — Route de Poissy, d'après Vernet, en couleur.
Très belle épreuve.

117 — Marchand de chevaux Normands, gravé en couleur, par Charon, d'après C. Vernet.
Très belle épreuve.

DEBUCOURT (d'après)

118 — Le Juge ou la cruche cassée, gravé par Le Veau.
Belle épreuve.

DUMENIL (d'après)

119 — Les sens, suite de cinq estampes, gravées par Tilliard.
Très belles épreuves.

DUTAILLY (d'après)

120 — L'imitation de l'antique, par Mme Lingée, en couleur.
Belle épreuve.

ÉCOLE FRANÇAISE DU XVIIIᵉ SIÈCLE

121 — Jeune femme en-buste, en couleur.
Belle épreuve.

EISEN, LE PÈRE (d'après)

122 — Amusement de la jeunesse, par Salvador Carmona.
Belle épreuve.

EISEN, LE PÈRE (d'après)

123 — Amusements de la jeunesse, par Dupuis.
> Belle épreuve.

124 — Déguisements enfantins. — La malice enfantine. Deux pièces faisant pendant, gravées par Dupuis.
> Belles épreuves.

EISEN (d'après Ch.)

125 — Le Jour. — La Nuit. Deux pièces faisant pendant, gravées par Patas.
> Très belles épreuves en couleur.

126 — Le petit donneur d'avis, par Tardieu.
> Belle épreuve.

FRAGONARD (d'après H.)

127 — La Bascule, par Beauvarlet.
> Très belle épreuve.

128 — La Coquette fixée, par Couché et Dambrun.
> Belle épreuve.

129 — Le Verre d'eau, gravé par Ponce.
> Belle épreuve.

FREUDEBERG (d'après)

130 — La Balançoire. — Le Retour des champs. Deux pièces faisant pendant, gravées en couleur par Carrée.
> Très belles épreuves.

131 — La Crainte enfantine, gravé en couleur, par Janinet.
> Très belle épreuve.

GREUZE (d'après J.-B.)

132 — La mère en courroux, gravé par Moitte.
> Belle épreuve.

HARRIET (d'après)

133 — Le Thé parisien, gravé par Godefroy, en couleur.
> Très belle épreuve.

HERRINGS

134 — Allant à la foire de Lincoln.
> Très belle épreuve en couleur.

HOPPNER (d'après)

135 — The brocken pitcher, gravé par Jukes.
Belle épreuve.

HUET (d'après J.-B.)

136 — Le Dîner. — Le Souper. Deux pièces gravées en couleur, par Bonnet.
Très belles épreuves.

137 — Le Berger amoureux, en couleur, par Demarteau.
Belle épreuve.

138 — Les Caresses, par Demarteau, en couleur.
Belle épreuve.

139 — Les fruits de l'amour et de la fidélité, en couleur, par Demarteau.
Très belle épreuve.

INCROYABLES

140 — Faites la paix par Levilly.
Belle épreuve.

141 — La Folie du jour, par Tresca.
Belle épreuve.

JANINET (F.)

142 — La Noce de village, — Repas des moissonneurs. Deux pièces en couleur faisant pendant, d'après P. A Wille.
Très belles épreuves.

143 — Nina, d'après Hoin, en couleur.
Belle épreuve.

144 — Le Rendez-vous comique, d'après Wateau, en couleur.
Très belle épreuve.

145 — Vénus à la colombe, d'après le Barbier, en couleur.
Belle épreuve.

JAZET

146 — Charge de hussards, d'après H. Vernet, en couleur.
Belle épreuve.

LANCRET (d'après N.)

147 — L'Automne, — L'Hiver, — Le Printemps, — L'Été. — Suite de quatre pièces gravées par de Larmessin.
> Très belles épreuves.

148 — Les Éléments. Suite de quatre pièces gravées par Cochin, Audran, Tardieu et Desplaces.
> Belles épreuves.

149 — Le Matin, — Le Midi, — La Soirée, — L'Après-Dîner. Suite de quatre pièces gravées par de Larmessin.
> Très belles épreuves,

LAVREINCE (d'après)

150 — L'Assemblée au Salon, par Dequevauviller.
> Belle épreuve.

151 — La Comparaison, gravé en couleur par Janinet.
> Belle épreuve.

152 — L'Innocence en danger, par Caquet.
> Belle épreuve.

153 — Le Mercure de France, par Guttenberg.
> Belle épreuve.

154 — La Partie de musique, gravé par Langlois.
> Belle épreuve.

LEBRUN (d'après)

155 — L'Épouse mal gardée, ou le Mariage à la mode, par Dambrun.
> Belle épreuve.

LEPRINCE (d'après)

156 — Jeune femme jouant de la guitare, gravé en couleur par Marin.
> Belle épreuve.

DE LONGUEIL

157 — Les Dons imprudents, — Le Retour à la vertu. Deux pièces en couleur faisant pendant.
> Très belles épreuves.

MALLET (d'après)

158 — L'Impatience amoureuse, — Les Bonnes amies. Deux pièces faisant pendant, gravées en couleur par de Sève.

Belles épreuves,

159 — Les Deux amies à l'étude, gravé en couleur par R. Girard.

Très belle épreuve.

MARIN (L.)

160 — The True paternal Care, en couleur.

Belle épreuve.

NATTIER (d'après)

161 — La Force (Mme de Chateauroux), par Balechou.

Belle épreuve.

PATER (d'après)

162 — Le Baiser rendu, gravé par Filhœul.

Très belle épreuve.

SAINT-AUBIN (d'après Aug. de)

163 — La Comparaison du bouton de rose, gravé par Dennel.

Belle épreuve.

164 — La Savonneuse, — La Jardinière. Deux pièces gravées en couleur par Julien et Morret.

Belles épreuves.

SINGLETON (d'après)

165 — British Plenty, gravé par Knight.

Belle épreuve.

SMITH (J.-R.)

166 — Promenade à Carlisle-House, 1781.

Superbe épreuve avant la lettre (lettres grises). Très rare.

SWEBACH-DESFONTAINES (d'après)

167 — La Vieillesse d'Annette et Lubin, gravé en couleur par Le Cœur.

Très belle épreuve.

TAUNAY (d'après)

168 — Noce de village, — Foire de village. — Deux pièces faisant pendant, gravées en couleur par Descourtis.
Très belles épreuves.

TOUZÉ (d'après)

169 — La Marchande d'œufs, par Hemery.
Belle épreuve.

DE TROY (d'après)

170 — Jeune fille prenant uue tasse de café, par Chereau.
Belle épreuve.

TURNER (Ch.)

171 — Angoulême (Marie-Thérèse-Charlotte de France, duchesse d'), d'après Huet-Villiers, in-fol., en couleur.
Très belle épreuve.

172 — Miss Mellon, d'après Beechey.
Belle épreuve.

VAN-GORP (d'après)

173 — C'est papa, par De Launay.
Belle épreuve.

VERNET (d'après C.)

174 — Costumes français et anglais, par Levachez.
Belle épreuve.

WATTEAU (d'après Ant.)

175 — La Diseuse d'aventure, par L. Cars.
Belle épreuve.

176 — Fêtes vénitiennes, par L. Cars.
Belle épreuve.

WILLE (Fils)

177 — Le Miroir à consulter, en couleur.
Belle épreuve.

178 — Sous ce numéro il sera vendu un nombre d'estampes de l'école française du XVIIIe siècle, en noir et en couleur.

179 — Sous ce numéro il sera vendu un grand nombre de portraits de personnages célèbres des XVIIe et XVIIIe siècles.

180 — Sous ce numéro il sera vendu un grand nombre de sujets de chasses, de courses, par Herrings, Alken, Ansdell, Henderson et autres.

SUPPLÉMENT

DESSINS

181 — *Charlet*. Quand même vous seriez le Petit Caporal, vous ne passeriez pas.
Deux dessins recto et verso, à la sépia.

182 — *Desfriches*.
Deux dessins à la mine de plomb.

183 — *Géricault*. Chevaux mangeant l'avoine.
A la sépia, signé.

184 — *Guérin*. Sujet Grec.
Crayon noir rehaussé de blanc.

185 — Boissieu? Intérieur gothique.
A la sépia.

186 — *École française*. Portrait de Chenard, artiste de l'Opéra Comique.
Au crayon noir.

187 — *École française*. Vénus et l'Amour.
A la plume.

188 — *École italienne*. Sujet biblique.
Sanguine.

189 — Vernet (C.)? Sujet de bataille.
A la plume et lavis d'encre de Chine.

ESTAMPES

190. — *Boissieu.* Les Grandes vaches.

Épreuve sur Chine.

191 — *Rembrandt.* La Descente de Croix, — L'Ecce Homo (B. 77 et 81).

Anciennes épreuves.

192 — *Rubens* (d'après). L'Enlèvement des Sabines, gravé par Rankel.

Épreuve avant la lettre, sur Chine.

LIVRES

193. — Description des antiquités et objets d'art composant le Cabinet de M. L. Fould, par Chabouiller. *Paris, Claye,* 1861. 1 vol. in-fol., fig. en livraisons.

Ouvrage tiré à 300 exemplaires.

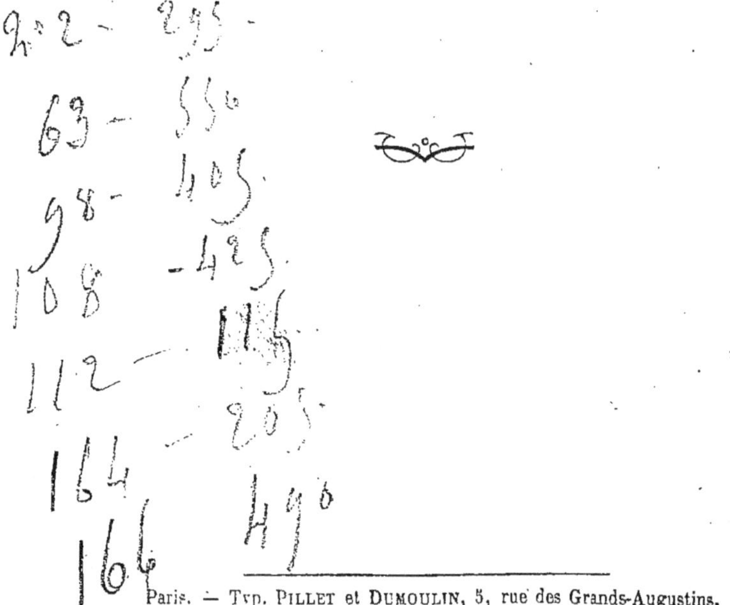

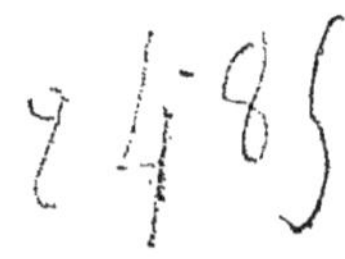